AF357061

RETIRÉ

DES AFFAIRES

4023   Paris. — Typographie Morris père et fils, rue Amelot, 64.

RETIRÉ

DES

AFFAIRES

COMÉDIE EN DEUX ACTES

PAR

MM. Edmond ABOUT et Émile DE NAJAC

REPRÉSENTÉE

Pour la première fois, à Paris, sur le Théâtre du Vaudeville,
le 11 Octobre 1869.

PARIS

E. DENTU, ÉDITEUR

LIBRAIRE DE LA SOCIÉTÉ DES AUTEURS ET COMPOSITEURS DRAMATIQUES
ET DE
LA SOCIÉTÉ DES GENS DE LETTRES

PALAIS-ROYAL, 17 & 19, GALERIE D'ORLÉANS

1869

DISTRIBUTION

MONSIEUR LORIOT...	M. DELANNOY.
MADAME LORIOT....	Mlle LOVELY.
ADRIENNE, leur fille....	Mlle HÉBERT.
ACHILLE DUVERNOIS.	M. SAINT-GERMAIN.
LE DOCTEUR HOMINY	M. COLSON.
ANTOINETTE, servante............	Mlle DUBUS.

L'action se passe à Neuilly, de nos jours.

Pour la mise en scène exacte et détaillée, s'adresser à *M. Leon Riquier*, régisseur général au théâtre du Vaudeville.

RETIRÉ
DES AFFAIRES

ACTE PREMIER

Un salon de campagne. Portes à droite et à gauche, premier plan;
au deuxième plan, portes latérales dans les pans coupés et ou-
vrant sur un jardin; au fond, une bibliothèque; table et deux
chaises à gauche; canapé et petit guéridon à droite; ce qu'il faut
pour écrire sur la table et le guéridon.

SCÈNE PREMIÈRE

MADAME LORIOT et ADRIENNE sont assises à droite et
travaillent; ANTOINETTE introduit LE DOCTEUR par la
gauche, deuxième plan.

ANTOINETTE.

Je vous assure, monsieur, que monsieur n'y est pour
personne.

LE DOCTEUR.

Mademoiselle, on y est toujours pour moi.

ANTOINETTE.

Demandez plutôt à madame...

LE DOCTEUR.

Mais il m'a donné rendez-vous pour ce matin, neuf heures. Voici sa lettre : « A monsieur le Docteur... »

On entend frapper un coup sur le timbre à gauche.

ANTOINETTE.

Un coup!... Pardon, monsieur.

Elle sort précipitamment par la gauche, premier plan.

LE DOCTEUR, étonné.

Ah!...

ADRIENNE, allant à lui.

Monsieur, si mon père vous a écrit...

LE DOCTEUR, très-galamment.

Ah! mademoiselle... monsieur votre père est un heureux père! Si tous mes malades avaient des filles qui vous ressemblassent, le sacerdoce du docteur Hominy ne serait qu'une partie de plai...

On entend deux coups sur le timbre.

ADRIENNE.

Deux coups! Pardon, monsieur.

Elle sort en courant par la gauche.

LE DOCTEUR.

Tiens!

MADAME LORIOT, allant à lui.

Très-sensible à vos compliments, monsieur le docteur; mais je vous préviens que mon mari n'est pas malade, que je ne veux pas qu'il soit malade, et que, pour arriver jusqu'à lui, il vous faudrait... (On entend trois coups sur le timbre.) Trois coups!... Pardon!...

Elle sort par la gauche.

SCÈNE II

LE DOCTEUR.

Serviteur à la compagnie. Donnons-nous donc le plaisir de nous asseoir. A peine au sortir de l'école, j'implante ma réputation future sur les rives hospitalières de Neuilly. Quatorze ans d'inscriptions m'avaient initié largement au grand secret de la vie moderne. Le talent, l'expérience et toutes les vieilleries de l'âge d'or ont fait leur temps. L'avenir appartient aux habiles. Et l'homme habile, en médecine comme en tout, est celui qui ne craint pas de se glorifier lui-même à soixante-quinze centimes la ligne dans les journaux de Paris. J'ai entrepris ma renommée; cela m'a coûté cher. Mais l'argent est bien peu de chose pour l'homme qui n'a rien et qui doit tout. Lundi dernier, je lance une de ces réclames dont la publicité retentit jusqu'au bout du monde; et ce matin, je reçois le premier autographe de mon premier malade : Loriot, commissionnaire honoraire pour la France et l'exportation. Seulement, s'il n'est pas malade, comment ferai-je pour le guérir? C'est égal, j'ai vu tout à l'heure une petite personne que je soignerais bien, à charge de revanche. Dix-sept à dix-huit ans, c'est fait pour moi... La maison paraît plantureuse. Un château Louis XIV, ou du moins simili Louis XIV, avec une simili salle des gardes et une simili chapelle en béton Coignet... le tout entouré d'une futaie... d'une future futaie... de trois cent cinquante mètres environ de superficie. Il n'y a rien de plus féodal dans tout le parc de Neuilly. Être le châtelain de ce beau simili domaine, être ou ne pas être!... car je suis un tantinet à la porte pour le moment. Bah! j'ai l'audace et la fierté. Je veux faire fortune en un jour comme tous les Français de mon époque. C'est une mode qui commence à la Bourse et qui s'étend jusqu'à la Faculté. Calendard, le grand Calendard lui-même n'a pas débuté autrement. Il sortait de l'école, comme moi, la Faculté l'avait nommé docteur à l'ancienneté... comme moi. Un concierge de l'hôtel Bristol... qui tenait à lui par des liens de famille, l'appelle au chevet d'un Américain cinq ou six fois millionnaire. Il y court, il attaque son malade avec l'ardeur d'un néophyte; il l'achève en huit jours,.. et dix mois après, il conduisait la veuve inconsolable à l'hôtel... Je dis bien, au grand hôtel du boulevard des Capucines. Eh bien! depuis ce mariage, je ne rencontre plus une jeune fille blonde et distinguée au chevet d'un malade ou ailleurs sans me dire : Et toi aussi, tu auras ton roman; saisis la fortune aux cheveux, Hominy!...

SCÈNE III

LE DOCTEUR, MADAME LORIOT.

MADAME LORIOT, entrant par la gauche.

Comment, monsieur, vous êtes encore là!

LE DOCTEUR.

Mon Dieu ! madame, j'attendais...

MADAME LORIOT.

Qui ?

LE DOCTEUR.

Monsieur Loriot, mon honoré client, pour lui offrir mes soins les plus respectueux.

MADAME LORIOT.

Je vous le répète, monsieur, c'est inutile. Mon mari n'a rien ! Mais s'il vous a fait appeler, je suis prête à régler avec vous. Combien vos visites ?

LE DOCTEUR.

Madame, la question des honoraires viendra plus tard.

MADAME LORIOT.

Elle est toute venue. Êtes-vous un grand, un bon ou un petit ?

LE DOCTEUR.

Je suis bon, madame, mais jusqu'à une certaine limite. Entré dans la maison par la volonté de monsieur Loriot, je n'en sortirai que...

MADAME LORIOT.

Des mots historiques, c'est inutile. Les grands, c'est vingt francs. Les bons, dix francs. Les petits, cent sous. Je pourrais ne vous payer que la demi-course, puisqu'en somme on vous a déplacé sans vous prendre ; mais je ne marchanderai pas. Voici la pièce ronde.

Elle tire de l'argent de son porte-monnaie.

LE DOCTEUR, prenant l'argent.

Madame, je suis trop galant chevalier pour refuser l'argent d'une femme. Mais c'est un procédé dont je demanderai raison à monsieur Loriot lui-même en temps et lieu. (Saluant madame Loriot.) La Faculté salue la faiblesse.

Il sort par le fond.

MADAME LORIOT.

Bien obligé ! Ce n'était donc pas assez d'un malade, il

nous faudrait des médecins, maintenant. (Apercevant Achille.) Encore un! Mais non! c'est Achille.

SCÈNE IV

MADAME LORIOT, ACHILLE, ADRIENNE.

ACHILLE, des paquets à la main, entrant par la droite, deuxième plan.

Bonjour, ma tante!

MADAME LORIOT.

Dans mes bras, mon neveu!

ACHILLE.

Tout de suite. (Il va pour embrasser madame Loriot, lorsqu'il aperçoit Adrienne qui entre par la gauche.) Ah!

ADRIENNE.

Mon cousin!

ACHILLE.

Adrienne!

Il quitte sa tante, laisse tomber ses paquets, et court embrasser Adrienne.

MADAME LORIOT.

Eh bien! et moi?

ACHILLE.

Tout de suite!

Il retourne embrasser sa tante.

ADRIENNE.

D'où viens-tu?

ACHILLE.

Du bout du monde.

MADAME LORIOT.

Tu as mis le temps.

ACHILLE.

Trois ans.

ADRIENNE.

Et tu nous a laissés sans nouvelles!

ACHILLE.

Vois-tu, cousine, je ne vous ai pas écrit, parce que j'aurais trop souffert si vous ne m'aviez pas répondu. D'ailleurs, j'ai fréquenté des pays où le timbre-poste est si rare...

ADRIENNE.

Oh! le vilain! Que nous étions sottes de l'aimer tant, quand il nous oubliait!

ACHILLE.

Moi!... Mais je n'ai voyagé que pour vous, c'est-à-dire pour toi, puisque mon oncle... Ah çà! où donc est-il?

ADRIENNE, tristement.

Tu vas le voir.

ACHILLE.

Comme tu dis cela! Il ne vous est rien arrivé?

MADAME LORIOT.

Pas grand'chose. Nous avons quitté les affaires.

ADRIENNE.

Depuis deux ans passés.

ACHILLE.

Moi, je ne savais rien. Je me suis fait conduire rue Hauteville. Ah çà! la commission n'allait donc plus?

MADAME LORIOT.

Elle n'allait que trop bien. Nous avions huit cent mille francs honnêtement gagnés.

ADRIENNE.

Nous les avons même encore.

MADAME LORIOT.

Dieu merci! Un beau soir, en fermant sa caisse, il me dit : « Madame Loriot, je vais liquider, nous sommes assez riches. » Moi, je n'étais pas de son avis. — « Va donc jusqu'au million, paresseux! » — « Non, me répondit-il, les millions des autres m'ennuient assez. Si j'en avais un à moi, ce serait pire. »

ACHILLE.

Des goûts simples! Une chose qui ne se rencontre plus!

ADRIENNE.

C'est fait pour nous.

MADAME LORIOT.

Nos employés, Brisard et Volan, ont exploité cette fai-
blesse-là. Ils ont acheté notre fonds, et stipulé que, sous
aucun prétexte, Loriot ne pourrait plus s'établir à son
compte.

ACHILLE.

Où est le mal? si vous êtes riches, et si vous avez bien
placé votre argent?

MADAME LORIOT.

L'argent est bien placé; toutes valeurs de premier
ordre. Et le pauvre martyr, excepté boire et manger, n'a
plus rien à faire en ce bas monde.

ACHILLE.

Ma parole d'honneur, tante Loriot, je voudrais bien
sympathiser avec vous, mais je me sens incapable de le
plaindre.

ADRIENNE.

Il est pourtant bien malheureux, va.

ACHILLE.

Je voudrais l'être autant que lui... avec toi.

MADAME LORIOT.

Tu ne comprends donc pas? Un homme qui a toujours
travaillé, il faut toujours qu'il travaille.

ACHILLE.

Quand on a une femme comme vous, ma tante, et une
fille comme elle, on n'est pas désœuvré, sapristi! On les
embrasse à la journée.

MADAME LORIOT.

Tu crois ça!

ADRIENNE.

Papa s'ennuie de tout.

ACHILLE.

Qu'est-ce qui l'empêche de s'amuser, lui qui était le
boute-en-train de la rue Hauteville.

MADAME LORIOT.

Il s'amusait de bon cœur autrefois, parce qu'il n'y était pas forcé, parce qu'il avait besoin de repos, parce qu'il avait... Ah! c'était le bon temps, mon pauvre Achille.

ACHILLE.

Et maintenant, qu'est-ce qu'il fait? ·

MADAME LORIOT.

Du mauvais sang. Il essaye de tout, il ne s'arrête à rien. Tous les trois mois il change de journal et d'opinion politique. Croirais-tu que depuis dimanche il n'est plus même de l'opposition? Un si bon bourgeois de Paris!

ACHILLE.

C'est effroyable!

ADRIENNE.

Il a ajouté un étage à ce petit château, qui n'était pas mal du tout, et il l'a fait pointu comme une quille.

MADAME LORIOT.

Après quoi, il l'a démoli.

ADRIENNE.

Et rebâti! Il s'est dénoncé lui-même à la garde nationale.

MADAME LORIOT.

Et maintenant, toutes les fois qu'il arrive un billet de garde, c'est un procès.

ADRIENNE.

Il a fait de la menuiserie, de la tapisserie.

MADAME LORIOT.

Il a forgé; il a tourné.

ADRIENNE.

Son tour, à manivelle perfectionnée, est dans les combles du château. Il n'y veut plus toucher, depuis qu'il a massacré quatre défenses d'éléphants pour faire trois anneaux de serviette.

ACHILLE.

Eh! mais, c'est drôle, tout ça.

MADAME LORIOT.

Tu en parles bien à ton aise. Si tu étais forcé de vivre avec un homme qui ne sait pas ce qu'il veut, qui ne peut plus tenir en place, qui déteste aujourd'hui ce qu'il aimait hier, et qui vous reproche, cent fois par jour, la sottise qu'il a faite à votre corps défendant! Enfin depuis trois mois, Achille... il s'est mis en tête d'étudier tout ça!

Elle montre la bibliothèque.

ACHILLE.

Je ne lui connaissais pas de bibliothèque! (*S'en approchant et lisant sur le dos d'un livre.*) « Thérapeutique? » Comment! des livres de médecine?...

MADAME LORIOT.

C'est le vieux fonds d'un docteur de Sainte-Menehould qui nous avait fait tort de deux ou trois mille francs. Ton oncle a pris ces mauvais livres, sous prétexte que les reliures feraient bien dans le salon d'un château.

ADRIENNE.

Et, un beau jour, par désœuvrement, il s'est mis à les lire.

ACHILLE.

Eh bien! après?

MADAME LORIOT.

Après? Tu ne sais pas ce qui arrive aux ignorants qui mettent le nez dans des ouvrages de médecine. Ils se frappent, mon ami. A chaque maladie qu'il voit expliquée ou décrite, ton oncle s'écrie : « Mais j'ai ci... ou j'ai ça! »

ACHILLE.

Eh! eh!

ADRIENNE.

Aux opérations, tu sais bien, où l'on voit de grands couteaux plantés dans les personnes, comme des aiguilles dans une pelote, papa dit...

ACHILLE.

Aïe!

MADAME LORIOT.

Et c'est au point que si je n'avais pas fait un coup d'autorité, ce matin, nous avions les médecins dans la maison.

ACHILLE.

Diable !

ADRIENNE.

Chut ! le voici.

ACHILLE, regardant Loriot qui entre.

Mais, ma tante, il est rose, il est frais. On en mangerait de cet oncle-là.

SCÈNE V

LES MÊMES, LORIOT.

LORIOT entre par la gauche, premier plan, un livre à la main, toilette correcte, assez élégante; il lit.

« Si les symptômes avaient été mieux observés, et les soins d'un homme de l'art réclamés quinze jours plus tôt, on aurait prévenu la congestion, la paralysie et la mort. »

ACHILLE.

Voilà ce que j'appelle une églogue. Bonjour, mon oncle.

LORIOT, continuant sa lecture.

Bonjour, Achille, bonjour.

ACHILLE.

Mais, mon oncle, on s'embrasse quand on ne s'est pas vu depuis si longtemps.

LORIOT, fermant son livre.

C'est, ma foi, vrai ! voici dix ans, bientôt.

ADRIENNE, lui prenant le livre sous le bras.

Mais, papa, il n'y a que trois ans qu'il est parti.

LORIOT, soupirant.

Enfin, si tu y tiens beaucoup, embrasse, Achille, embrasse cette pauvre guenille humaine.

ACHILLE.

Pas trop déchirée, Dieu merci !

Il l'embrasse.

LORIOT, allant s'asseoir sur le canapé à droite.

Tu trouves? Et qu'as-tu fait pendant ces trois ans?

ACHILLE.

Ce que vous m'aviez ordonné. J'ai fait fortune.

ADRIENNE.

Papa, tu te souviens...

MADAME LORIOT.

Ils s'adoraient, ces pauvres enfants.

ACHILLE.

Quand je vous ai demandé la main d'Adrienne, vous m'avez répondu: — Mon garçon, tu as tout ce qu'il faut pour nous plaire, excepté que tu n'as rien. Travaille, gagne, épargne, entasse sou sur sou. Et le jour où tu auras prouvé que tu es bon à quelque chose, je te donnerai ma fille.

LORIOT.

Et tu as fait fortune?

ACHILLE.

Parfaitement. Je suis parti pour l'Égypte. Je savais que dans ce pays-là les malins s'enrichissent en un jour, et les sots en quarante-huit heures. Je m'étais donné six semaines. Et je ne me trompais pas de beaucoup, puisque, après trois années d'absence, je rapporte cinquante mille écus.

LORIOT.

Tu les a volés, malheureux!

ACHILLE.

Je n'aurais pas été plus mal vu. Mais, rassurez-vous, mon cher oncle, ils sont honnêtement gagnés dans les huiles. À quand la noce?

LORIOT, se levant.

La noce! la noce! En vérité, il n'y a que des égoïstes dans ma famille!

ADRIENNE.

Mais, papa!

LORIOT.

À quand la noce? Voilà son premier mot. Et il ne m'a même pas demandé des nouvelles de ma santé.

ACHILLE.

Est-ce que vous êtes malade ? Je vous jure que ça ne se voit pas !

LORIOT.

Comment ! tu n'es pas frappé des ravages que le mal a opérés en ton absence ?

ACHILLE.

Mais, au contraire, mon oncle, je vous trouve une mine...

MADAME LORIOT.

Il est de fait que ce matin...

LORIOT.

Je n'ai pas fermé l'œil de la nuit.

MADAME LORIOT.

Ne dis pas ça. Je t'ai entendu de ma chambre.

LORIOT.

C'était le râle de l'insomnie. Il n'est venu personne ce matin ?

MADAME LORIOT.

Non... non... mon ami. Tu attendais une visite ?

LORIOT.

Oui, ce qu'on appelle, en bon français, une visite.

ACHILLE.

Pour en revenir à notre mariage, mon oncle...

LORIOT.

Ah ! tu choisis bien ton moment ! Je souffre, ma santé réclame des soins assidus. Deux personnes, ma femme et ma fille, ne sont pas de trop auprès d'un malade, dans un état désespéré comme le mien.

ACHILLE.

Mais, mon oncle, nous serions trois.

LORIOT.

Et bientôt quatre, n'est-ce pas ? En vérité, la famille est charmante. Il faudrait, pour la contenter, qu'un pauvre malheureux, destitué de toutes ses facultés actives et sensitives, s'imposât le spectacle de deux tourtereaux qui se

becquettent à la journée! Il faudrait que, dans dix mois
d'ici, l'infortuné qui ne dort plus que par grâce fût ré-
veillé à toute heure par les infâmes criailleries d'un mar-
mot! Eh! que diable, attendez! je n'en ai plus pour longtemps, jeunesse impitoyable !

Il s'assied à gauche.

ACHILLE.

Eh! mon oncle, vous vous portez mieux que moi !

MADAME LORIOT, bas à Achille.

Ne l'excite pas !

ACHILLE, à Loriot.

Bien, bien, j'attendrai! Dès que je suis sûr de vous
tous, j'ai de quoi prendre patience. Je vais toujours cher-
cher une occupation. Ce que j'ai me permet d'entrer dans
une maison de commerce.

LORIOT, avec intérêt.

Aurais-tu du goût pour la commission, toi ?

ACHILLE.

Je ne dis pas non !

LORIOT.

Il y a de l'argent à gagner dans la partie.

ACHILLE.

Eh bien ! mon oncle, j'entrerai dans une maison de
commission.

LORIOT.

Pourquoi ne t'établirais-tu pas à ton compte ?

ACHILLE.

Dame ! c'est qu'on ne fonde pas une maison d'un jour à
l'autre.

LORIOT.

Il y en a de toutes fondées, nigaud, j'en sais même plu-
sieurs à vendre !

ACHILLE.

Après faillite ?

LORIOT, se levant.

Après fortune faite. Un homme intelligent comme moi...

comme toi, veux-je dire, avec cent cinquante mille francs d'entrée de jeu, peut quintupler son capital en peu d'années au train des choses d'aujourd'hui. Les affaires se font à la vapeur, on brasse des millions sans engager un sou. C'est si bon d'acheter pour les autres et de gagner sur eux sans savoir s'ils gagneront eux-mêmes ! Voilà la commission, mon ami.

ACHILLE.

Comme on voit que vous aimez ça, mon oncle !

LORIOT, tombant sur son siége.

Moi ! je n'aime plus rien.

MADAME LORIOT.

D'ailleurs, il n'a pas le droit de prendre une maison, Brisard et Volau s'y opposent.

LORIOT.

Et puis ma déplorable santé me condamne à ne rien faire ; je suis un homme fini !

ADRIENNE.

Pauvre père !

ACHILLE.

Brave oncle ! je suivrai vos conseils ; j'irai ce matin même au faubourg Poissonnière.

LORIOT.

Vas-y donc tout de suite, et laisse-moi tranquille. Oh ! ma tête ! Vous ne devinez pas que j'ai besoin de repos ?...

MADAME LORIOT.

Venez, mes enfants !... Ah ! si vous n'êtes pas à la noce, je vous réponds que je n'y suis pas non plus...

ACHILLE, en s'en allant, à Adrienne.

Ah ! cousine, qu'il est malaisé de devenir ton mari !

ADRIENNE.

Ne te décourage pas, au moins.

ACHILLE.

Non, parbleu !

Il sortent tous trois par la droite, premier plan.

SCÈNE VI

LORIOT.

Le docteur est en retard. Oh! ces gens de science! Ils me laisseraient mourir comme un chien. (Se regardant dans un petit miroir qu'il tire de sa poche.) J'ai l'œil terne et les sourcils défrisés. Pourquoi? On me disait autrefois : Loriot, vous avez l'œil électrique. Loriot, vous avez du fluide dans l'œil. Eh bien! où est-il, mon fluide? Dispersé! Depuis combien de temps? Dieu le sait! Personne ne m'a prévenu! J'allais... j'allais comme un gaillard. Et lui, mon fluide... s'en allait! Et si je m'étais écouté toutes les fois que mon cœur... Sylvanire... la femme est le danger de l'homme!... Mon testament!... (Il va prendre dans la bibliothèque un gros volume, le porte sur le guéridon à droite et en tire un papier sous enveloppe.) C'est le treizième : il annule tous les autres. (Il s'assiet et lit le papier.) Je lègue à ma bien-aimée Sylvanire la somme de...» C'est trop de moitié. (Écrivant.) « Rature approuvée.» (Lisant.) Que vois-je ! quarante mille francs à mon neveu Achille Davernois, à ce coquin d'enfant qui me volait ma fille! Tu veux donc, scélérat, que je meure dans les bras d'une garde-malade à cent sous! Vlan! je te biffe! (Écrivant.) « Rature approuvée.» (Lisant avec importance.) «Je désire que mon corps soit ouvert au grand amphithéâtre de l'École de médecine par M. le directeur de l'Observatoire.» (Parlé.) Ce n'est peut-être pas sa spécialité, mais n'importe! (Lisant.) « Et par une commission choisie dans les cinq classes de l'Institut. Je fonde un prix annuel de deux mille cinq cents francs, qui sera décerné à l'auteur du meilleur mémoire sur les moyens de prévenir la mort en général, et, en particulier, celle à laquelle j'ai succombé moi-même!» (Parlé.) Je ne sais pas ce qu'ils diront de cette rédaction là, mais je ne la crois pas maladroite. (On frappe à la porte de gauche, deuxième plan. Il serre vivement le testament dans le livre.) Qui va là ?

LE DOCTEUR, en dehors.

Moi !

LORIOT.

Qui, toi ?

LE DOCTEUR.

Le docteur Hominy.

LORIOT.

Ah! c'est le ciel qui vous envoie!... Attendez!

Il va replacer le volume dans la bibliothèque, puis il ouvre la porte.

SCÈNE VII

LORIOT, LE DOCTEUR.

LORIOT.

Vous vous êtes fait bien attendre, docteur.

LE DOCTEUR.

Monsieur, c'est ma deuxième visite. Mais la première n'a pas été aussi favorisée.

LORIOT.

Comment?

LE DOCTEUR.

Madame Loriot...

LORIOT.

Vous a mis à la porte?

LE DOCTEUR.

Évincé, s'il vous plaît, pour l'honneur de la Faculté.

LORIOT.

Pardonnez-lui, docteur, elle est un peu frappée. Je m'occuperai d'elle quand j'irai moi-même un peu mieux. Asseyons-nous.

LE DOCTEUR, prenant un siège.

À vos ordres, monsieur!

Il s'assied au milieu.

LORIOT, qui s'est assis près de la table de gauche.

Vos annonces, docteur, ont été une révélation pour moi. J'ai vu que votre spécialité embrassait justement mon cas.

LE DOCTEUR, avec orgueil.

Elle les embrasse tous, monsieur! Ma spécialité, à moi, c'est l'universalité.

LORIOT.

C'est bien ce que je voulais dire. Je n'ai pas tout ! N'exagérons rien, on ne peut pas tout avoir. Mais j'ai un peu de tout.

LE DOCTEUR.

Vous toussez ?

LORIOT.

Rarement ! C'est même une des choses qui m'inquiètent. Il n'est pas naturel que, durant un hiver comme celui que nous venons de passer, un homme de mon âge et de ma constitution n'ait pas été grippé au moins une fois. Qu'en pensez-vous ?

LE DOCTEUR, très-gracieux.

J'en pense tout ce qu'il vous plaira, monsieur.

LORIOT.

C'est parler en homme capable. Regardez un peu ma figure. N'y remarquez-vous rien ?

LE DOCTEUR.

Heu ! heu !... rien de saillant.

LORIOT.

Vous n'êtes pas frappé de cette coloration sanguine, pour ne pas dire sanguinolente, qui caractérise un tempérament pléthorique ?

LE DOCTEUR, le regardant.

En effet... il y a... quoique pourtant dans les circonstances ordinaires...

LORIOT.

Oui, j'ai l'air d'un bon papa... d'un gros réjoui... Dérision ! Faites-moi le plaisir de me tâter le pouls. Vous avez une montre à secondes ?

LE DOCTEUR.

Comment donc !...

Il tire sa montre.

LORIOT.

Moi aussi. (Il tire sa montre.) Allez. Je vous suis.

LE DOCTEUR, lui tâtant le pouls.

Je dis soixante-quinze.

LORIOT.

Précisément. Votre montre est excellente. Mon pouls, docteur, n'a jamais varié. Je ne sais pas si c'est lui qui est réglé sur ma montre ou ma montre réglée sur lui.

LE DOCTEUR.

Mais c'est un pouls normal.

LORIOT, se levant.

Le traître! Il ne marque pas même ma fièvre!

LE DOCTEUR.

Êtes-vous sûr d'avoir la fièvre?

LORIOT.

Je n'en sais rien. Je suis malade, très-malade, cela est certain. Mais où peut être le siége du mal? Je l'ignore. Cherchez! Vous serait-il agréable de voir ma langue?

LE DOCTEUR.

Si ce n'est par plaisir, du moins par devoir...

LORIOT.

Non! elle ne vous apprendrait rien. Elle est superbe, et pourtant!...

LE DOCTEUR.

Vous manquez d'appétit?

LORIOT.

Non pas!... J'en ai toujours, et beaucoup! Mais c'est un appétit pour ainsi dire décoloré! Autrefois, rue Hauteville, quand j'étais dans les affaires, je déjeunais à onze heures du matin... Deux ou trois œufs sur le plat, une paire de côtelettes ou un quatuor de rognons, une aile de poulet froid, une salade de saison, un légume vert ou sec, quelquefois un plat doux, du dessert, le café, la fine goutte, un bon cigare... Vous voyez ça d'ici.. le régime du modeste bourgeois. Ça passait!... ça passait! une vraie bénédiction. Vers les sept heures je sentais là, dans le creux, un aimable tiraillement qui me disait: Loriot, la soupe n'est pas loin!... Je fermais les bureaux; on servait le dîner, le bon dîner modeste mais copieux du bourgeois de Paris. Je mangeais de tout, docteur, et ça passait!... Oh! comme ça passait!...

Ça passait même si bien que, le soir, en rentrant du spectacle, je m'appliquais encore une ou deux tranches de jambon ou de filet froid sur ce joli petit estomac. J'arrosais le tout d'une tasse de thé bien chaud ou de deux verres de vieux bordeaux, et ce léger supplément passait encore mieux que le reste. Ah ! le bon temps !

LE DOCTEUR.

Et maintenant ?

LORIOT.

Maintenant, je m'oublie quelquefois ; je déjeune, je dîne, je mange même assez copieusement.

LE DOCTEUR.

Et ça ne passe plus !

LORIOT.

Ça passe toujours, docteur ; mais ce n'est plus ça !

LE DOCTEUR.

Vous éprouvez donc quelque trouble dans vos digestions ?

LORIOT.

Plût à Dieu ! Je saurais ce qu'il me reste à faire. Il en est de cela comme d'un autre point... plus personnel... ou plus intime... Je peux compter sur votre discrétion ?

Il le fait asseoir à côté de lui sur le canapé.

LE DOCTEUR.

Ah ! monsieur !...

LORIOT.

Eh bien, je n'ai que quarante-cinq ans. Je me suis marié jeune. Ça m'a si bien réussi, que je me suis marié deux fois. Que voulez-vous, j'ai toujours eu le sang vif.

LE DOCTEUR.

Je l'aurais deviné.

LORIOT.

Vous avez aperçu madame Loriot, la deuxième ?

LE DOCTEUR.

C'est elle qui me faisait l'honneur de me mettre à...

LORIOT.

C'est juste. Eh bien! ma Sylvanire est une personne appétissante et d'un caractère enjoué... Lorsque nous nous trouvions seuls ensemble... rue Hauteville, après notre journée, les affaires faites... son ménage mis en ordre... ses clefs serrées... j'aimais à rire, docteur. Et l'on riait comme on ne rit pas dans tous les ménages de Paris...

LE DOCTEUR.

Et maintenant?

LORIOT.

Maintenant... maintenant... je rirais bien encore; et ce n'est pas la gaieté qui me manque... Mais j'ai peur...

LE DOCTEUR.

Et de qui?

LORIOT, se levant.

D'elle, de moi, de tout. Enfin, docteur, je suis bien malade, et ma vie est entre vos mains!...

LE DOCTEUR, le prenant par le bras, et le conduisant sur une chaise, à gauche.

Permettez que je me recueille une minute.

LORIOT.

Non-seulement je vous le permets, je vous en prie.

LE DOCTEUR, allant avec importance jusqu'à l'extrême droite de la scène; puis, à part.

Docteur, tu tiens ton affaire. Ton client se porte à merveille. Ce n'est pas une raison pour lui refuser les bons soins, les petites visites, les jolies consultations et l'aimable note du pharmacien qui me passe 50 pour cent de remise. Je lui fais comprendre que s'il veut guérir, il doit m'attacher à sa personne; que sa maladie, je choisirai sa maladie, a besoin d'une surveillance quotidienne, et bientôt le bonhomme ne peut plus se passer de moi. (L'imitant.) — Restez donc! — Impossible! on m'attend. — Vous prendrez bien quelque chose? — Absolument rien! — Un verre de madère, un biscuit? — Je n'ai ni faim ni soif. — Mais alors, la main de ma fille. — Ah! beau-père!

Il gesticule beaucoup en parlant.

LORIOT, qui l'a suivi des yeux avec admiration ; à part.

Comme la médecine a fait des progrès! Autrefois pour une consultation, ils se mettaient deux ou trois, souvent quatre. Et maintenant voilà un jeune homme qui fait le dialogue à lui seul. (Haut.) Eh bien! messieurs, ça va-t-il?

LE DOCTEUR, très-important.

Ça ira!

LORIOT.

Vous n'avez pas idée de la confiance que ça donne de voir un homme qui là, tranquillement chez vous, discute avec lui-même sur les questions de vie ou de mort. Je me croyais à la cour d'assises. Ça me faisait plaisir...

LE DOCTEUR.

Vous ne vous trompez pas, monsieur Loriot; le cas est solennel.

LORIOT.

Solennel! Vous me faites peur.

LE DOCTEUR.

Non!... Vous n'êtes pas un malade.

LORIOT, froissé.

Moi...

LE DOCTEUR.

Je veux dire : Vous êtes mieux qu'un malade.

LORIOT, avec satisfaction.

Ah!

LE DOCTEUR.

Vous êtes un phénomène!

LORIOT.

Je suis un phénomène!

LE DOCTEUR.

Ces complications, cette variété inouïe de symptômes...

LORIOT.

N'est-ce pas?

LE DOCTEUR.

Mais avant de pouvoir vous dire au juste ce que vous avez,

j'ai besoin de vous voir pendant un certain temps, à toute
heure de jour ou de nuit.

LORIOT, inquiet.

A combien la visite?

LE DOCTEUR.

Pour qui me prenez-vous? Il s'agit bien, en vérité, de ces
misérables intérêts !...

LORIOT.

Cependant je ne veux pas être traité gratis.

LE DOCTEUR.

Et si je vous dis, moi, qu'un malade exceptionnel comme
vous peut me donner en un rien de temps la fortune et la
gloire !

LORIOT.

Quoi? Un simple commissionnaire retiré ?...

LE DOCTEUR.

Tous les hommes sont égaux devant une bonne maladie.

LORIOT.

Docteur! vous m'électrisez! Je jure de vous obéir en
toute chose. Ordonnez. Prescrivez. Faites de moi ce qu'il
vous plaira. Je n'ai peur de rien. Je bois tout, je prends
tout, et si même une bonne opération...

LE DOCTEUR.

Oh! pas encore !

LORIOT.

J'ai quelque chose à faire pourtant.

LE DOCTEUR.

Rien! jusqu'à ma prochaine visite. Observez seulement
le grand précepte des stoïciens: Contiens-toi, et... abstiens-
toi !

LORIOT.

Je m'en charge !

MADAME LORIOT, entrant par la droite, deuxième plan.

Encore lui !

LE DOCTEUR.

Oui, madame, toujours lui. Mon obstination vous paraitra peut-être indiscrète ; mais je me flatte que monsieur mon cher malade en juge autrement. (La saluant.) A bientôt, madame. (A part.) O Calendard !... je marche sur tes traces.

Il sort par le fond, à gauche.

SCÈNE VIII

LORIOT, MADAME LORIOT.

LORIOT.

Quel homme ! Je suis sauvé, guéri !

MADAME LORIOT, avec joie.

Vrai !

LORIOT.

Pas encore ! Mais il veut bien se charger de moi.

MADAME LORIOT.

Qu'est-ce qu'il t'a ordonné ?

LORIOT.

Rien du tout. Ce n'est pas un de ces médecins qui vous bourrent de médicaments.

MADAME LORIOT.

Mais alors tu n'as pas besoin de lui. C'est un homme qui t'exploite.

LORIOT.

C'est un homme qui m'observe... pour son honneur... et pour ma gloire !

MADAME LORIOT.

Quelle diable de gloire ?...

LORIOT.

Tu n'as pas d'ambition, Sylvanire ; et cependant, dis-moi si tu ne serais pas flattée d'être la femme d'un malade célèbre ?

MADAME LORIOT.

Moi, pas du tout.

LORIOT, en colère.

Tu me défends d'être malade à présent !

MADAME LORIOT.

Oui !

LORIOT.

Que veux-tu donc que je fasse?

MADAME LORIOT.

Tout ce qu'il te plaira.

LORIOT.

Aimes-tu mieux que je joue à la Bourse?

MADAME LORIOT.

Ça! non... mais il y a tant d'autres choses!... Tu es en nage.

LORIOT.

C'est l'effet de la consultation. Elle a été chaude!

MADAME LORIOT, lui essuyant le front avec son mouchoir.

Tu t'ennuies donc bien avec nous?

LORIOT.

Qu'est-ce qu'il sent ton mouchoir?

MADAME LORIOT.

Je ne sais pas. C'est un vieux sachet que j'ai dans mon armoire à glace. Si l'odeur l'incommode...

LORIOT, allant s'asseoir à droite, sur le canapé.

Pas précisément! Mais elle est capiteuse en diable. Pourquoi ne t'assieds-tu pas?

MADAME LORIOT, s'asseyant de l'autre côté du salon.

Voilà, mon ami.

LORIOT.

Ah! je te fais peur.

MADAME LORIOT.

Oh! non!

LORIOT.

Je te répugne alors.

MADAME LORIOT.

Es-tu bête !

Elle court à lui pour l'embrasser.

LORIOT, la repoussant doucement.

N'exagérons rien.

MADAME LORIOT.

Désires-tu quelque chose ? Ça me ferait tant de plaisir si tu désirais quelque chose !

LORIOT.

Qu'est-ce que vous désirez que je désire ? Dites-le.

MADAME LORIOT.

Je ne sais pas, moi. Tu n'as ni faim, ni soif, ni...

LORIOT.

Plaît-il ?

MADAME LORIOT, prenant un journal.

Veux-tu que je te lise ton *Petit Journal ?* Il y a un bien joli article à la première page.

LORIOT.

La maladie n'a pas détruit en moi tout sentiment littéraire. Je suis encore sensible aux charmes d'une belle pensée finement rendue. Lis-moi donc *le Petit Journal.*

MADAME LORIOT, lisant.

Les Lilas, fils du Printemps.

LORIOT.

Titre original.

MADAME LORIOT, continuant.

« Mes bien-aimés lecteurs, je relève d'une indisposition. »

LORIOT.

Lui aussi !

MADAME LORIOT, continuant.

« Pardonnez-moi si je ne vous ai pas entretenus plus tôt d'une nouvelle qui frappera au cœur tous les amoureux. Je veux parler de la maladie des lilas. »

2

LORIOT.

Eux aussi! (Se levant très-agité.) Rien ne sera donc épargné! Toute la nature s'en mêle. Le mal est dans l'air, féroce, insatiable! L'homme ne lui suffit plus! il lui faut encore les lilas.

Il passe à gauche, près de la table.

MADAME LORIOT.

Tu exagères, mon ami. Tout le monde n'est pas malade; moi, par exemple.

LORIOT.

Toi, tu es une exception. Tu as une santé qui m'humilie. Est-il permis de se porter comme ça!

MADAME LORIOT.

Mon ami, ce n'est pas ma faute.

LORIOT.

Pas ta faute! On n'a jamais rien vu de pareil. Ces couleurs, cet embonpoint, ces joues fraîches... Approche un peu... (Lui pinçant les joues.) Et fermes.

MADAME LORIOT.

Finis donc, tu me fais rire.

LORIOT.

Eh! eh! toujours rieuse, Sylvanire.

MADAME LORIOT.

Dam! c'est de mon âge.

LORIOT.

Dis donc?

MADAME LORIOT.

Quoi?

LORIOT.

Je ne devrais pas penser à ça dans un pareil moment... mais te rappelles-tu le lendemain de notre mariage?

MADAME LORIOT.

Si je me souviens du deuxième plus beau jour de ma vie! A huit heures du matin, tu m'as dit : Il faut que j'aille au bureau.

LORIOT.

Dam !.

MADAME LORIOT.

Je pleurais un peu...

LORIOT.

Oui, mais le soir, à cinq heures, j'ai fermé la caisse, et je t'ai conduite au pavillon d'Armenonville.

MADAME LORIOT.

Ah ! le bon temps !

LORIOT.

Et après ? Te rappelles-tu ?

MADAME LORIOT.

Après le dîner, nous nous sommes promenés dans le bois de Boulogne, au clair de lune.

LORIOT.

Y avait-il de la lune ?

MADAME LORIOT.

Pour sûr, il y avait des marguerites dans l'herbe.

LORIOT.

Et des lilas en fleurs ! Ils se portaient bien en ce temps-là, les lilas !

MADAME LORIOT.

Tu m'en as cassé une grosse branche.

LORIOT.

J'en casserai bien encore, si je guéris.

MADAME LORIOT, lui prenant le bras.

Alors, je t'ai pris le bras.

LORIOT.

Comme ça.

MADAME LORIOT.

Et puis !

LORIOT.

Tu m'as passé la main autour du cou.

MADAME LORIOT.

Comme ça.

LORIOT.

Et puis!...

MADAME LORIOT.

Tu m'as embrassée...

LORIOT.

Comme!... (Il va pour l'embrasser.... s'arrête et s'écrie avec effroi.)
Non! ça pourrait nuire à mon traitement!

MADAME LORIOT.

Qu'as-tu donc ?

LORIOT.

Rien. Adieu !

MADAME LORIOT.

Où vas-tu ?

LORIOT.

Chez le docteur !

Il sort vivement par la gauche, deuxième plan.

MADAME LORIOT.

Encore le docteur ! Loriot ! Loriot ! Ecoute-moi donc !

Elle court après lui.

FIN DU PREMIER ACTE.

ACTE DEUXIÈME

Même décor.

—

SCÈNE PREMIÈRE

ACHILLE et MADAME LORIOT, entrant par le fond.

ACHILLE.

Où couriez-vous donc comme cela, ma tante ?

MADAME LORIOT.

Eh ! mon pauvre ami ! je courais après lui.

ACHILLE.

Il est sorti ?

MADAME LORIOT.

Il s'est sauvé. Il est chez son scélérat de docteur. Mais
je te jure qu'il n'y a pas de ma faute !

ACHILLE.

Ce n'est que demi-mal. Nous sommes bien sûrs que le
docteur ne le tuera pas d'un seul coup. C'est ce qui dis-
tingue les médecins des malfaiteurs ordinaires. Il revien-
dra, ma tante, et... et je l'attends !

MADAME LORIOT.

Que feras-tu ?

ACHILLE.

Dites-moi... Mon oncle a-t-il déjeuné ?

MADAME LORIOT.

Non, depuis quelques jours il s'est condamné à une diète absolue.

ACHILLE.

Il a été bon vivant dans sa jeunesse; je veux essayer de le guérir par un traitement à la fourchette que la Faculté n'a pas prévu. Ma chère tante, faites-moi donc servir quelque chose de bon, d'autant plus que je n'ai pris qu'un potage et un verre de vin depuis Marseille.

MADAME LORIOT.

Ah! pauvre enfant!... moi qui ne t'offrais rien!... je vais m'occuper de toi. (Elle remonte vers la gauche et se trouve en face de Loriot qui entre; elle se jette dans ses bras.) Ah! mon ami!...

LORIOT, très-grave et la repoussant.

Veuillez-vous éloigner, madame. L'ordonnance est formelle.

MADAME LORIOT.

Crois-tu donc que je t'aurais mangé, gros égoïste?

LORIOT.

On ne sait pas!

Madame Loriot sort par la gauche, deuxième plan.

SCÈNE II

ACHILLE, LORIOT.

LORIOT, s'asseyant.

Je suis rompu.

ACHILLE.

Ah! mon oncle, que vous avez bonne mine!...

LORIOT.

J'ai beaucoup trop marché. Le docteur est à l'autre bout de Neuilly. C'est un voyage d'une demi-lieue. Cet exercice m'a donné un appétit du diable. C'est très-mauvais pour moi.

ACHILLE.

Pourquoi donc ça?

LORIOT.

Je sais enfin ce que j'ai. J'ai la boulimie.

ACHILLE.

La boulimie?

LORIOT.

La boulimie, mon cher, c'est la maladie d'un homme qui mangerait un bœuf.

ACHILLE.

En deux ans?

LORIOT.

En deux heures. Pourquoi m'as-tu dit que j'avais bon visage?

ACHILLE.

Je vous l'ai dit parce que je le pensais.

ANTOINETTE, entrant avec un plateau servi.

Voici le déjeuner de monsieur Achille.

Elle le pose sur la table à gauche.

ACHILLE.

Merci bien, la belle enfant!

LORIOT.

Tu vas déjeuner?

ACHILLE.

J'ai la boulimie, moi aussi, mais je ne la crains pas. Mon oncle, part à deux.

LORIOT.

Laisse-moi tranquille. (A Antoinette.) Fais-moi vite un bouillon aux herbes bien léger.

ANTOINETTE.

A la minute, monsieur! Justement il en reste de dimanche dernier.

Elle sort.

LORIOT, à Achille.

Tu trouves donc que j'ai plus mauvais visage que ce matin?

ACHILLE.

Pourquoi?

LORIOT.

Puisque tu m'as dit que j'avais bonne mine...

ACHILLE.

Mais, mon oncle... je vous assure...

LORIOT.

Si tu complotes contre moi avec ta tante et ta cousine, tu seras bientôt démasqué.

ACHILLE, prenant une bouteille et la débouchant.

C'est avec vous que je veux comploter. Je suis allé à Paris.

LORIOT.

Tu en avais bien le droit.

ACHILLE.

J'ai suivi votre conseil.

LORIOT.

Je ne t'ai rien conseillé.

ACHILLE.

Mon affaire est conclue. Je suis chef de maison !

LORIOT.

Qu'est-ce que tu veux que cela me fasse? Enrichis-toi, ruine-toi, je m'en moque. Cette course m'a brisé les os.

Antoinette entre par le fond, à gauche, avec un bol sur une assiette.

ACHILLE.

Heureusement voici le bouillon aux herbes qui va réparer... Il doit avoir pris de la force depuis la semaine dernière.

ANTOINETTE, à Loriot.

Voilà, monsieur... flairez-moi ça, c'est un vrai baume.

Elle sort.

ACHILLE, s'asseyant à gauche et déjeunant.

Eh bien, mon oncle, manqueriez-vous d'enthousiasme?

LORIOT, le bol à la main, s'asseyant à droite.

Il est trop chaud.

ACHILLE.

Quand je vois un homme qui boit de ça, je ne puis m'empêcher de penser à Socrate.

LORIOT.

Socrate était un sage.

ACHILLE.

Il en est mort!... (Loriot pose vivement le bouillon sur le guéridon. Achille continuant :) Vous avez tort de ne pas goûter des huîtres. Elles sont excellentes. Je ne vous offre pas de hors-d'œuvre. Le saucisson est pourtant de la bonne fabrique. Il pleure sous le couteau.

LORIOT, se levant.

Tu m'ennuies! Si je prends un bouillon qui n'est pas potable, c'est bien le moins que je le boive en paix. (Il va pour sortir, il rencontre à la porte Antoinette qui apporte un plat, et s'arrête.) Voilà quelque chose qui sent bon. Que diable ça peut-il être?

ANTOINETTE.

Des œufs brouillés aux morilles nouvelles, monsieur.

LORIOT, revenant.

Ah! ce sont des morilles. Elles étaient presque introuvables de mon temps.

ACHILLE.

Un fameux champignon.

LORIOT.

Facile à digérer.

ACHILLE.

Votre bouillon refroidit, mon oncle.

LORIOT.

C'est bon! mon Dieu! on ne te les volera pas, les œufs brouillés aux morilles... nouvelles.

Il va pour sortir.

ACHILLE.

Ma parole d'honneur, Antoinette, voilà un plat délicieux!

ANTOINETTE.

Monsieur Achille est bien honnête.

LORIOT, revenant.

Tu vois bien qu'il se moque de toi.

ACHILLE.

Mon oncle, n'en mangez pas ; mais goûtez-y.

LORIOT, à Antoinette.

A titre de simple renseignement. Prends ma tasse, ne l'emporte pas. J'y reviendrai.

ACHILLE, lui servant des œufs.

Voici une demi-cuillerée. Vous n'êtes pas forcé de manger tout.

LORIOT, debout, goûtant des œufs.

Vraiment, ce n'est pas trop mal accommodé. Donne-m'en encore un peu, je ne suis pas assez renseigné.

ACHILLE.

Asseyez-vous alors.

LORIOT, s'asseyant.

Oh! pour ce qui me reste à prendre, je serai aussi bien debout.

Il mange.

ANTOINETTE, lui mettant le bol sous le nez.

Et le bouillon, monsieur?

LORIOT.

Qui est-ce qui te le demande? Attends que j'aie fini. Tu ne vois pas que nous faisons une expérience.

ANTOINETTE.

Ah! c'est bon!

Elle pose le bol sur une table et sort.

LORIOT, mangeant avec plaisir.

Oui, c'est bon... Peut-être un peu salés.

ACHILLE.

Oui, mais... (Il boit.) Maintenant le sel est fondu.

LORIOT.

Tiens! il n'y a pas d'eau sur la table.

ACHILLE.

Bah! Buvez un verre de vin.

Il lui verse à boire.

LORIOT.

Un verre! Tu ne veux pas ma mort. Mais j'accepte une larme sous ta responsabilité. (Il boit.) Il est gentil, n'est-ce pas, mon vin de Sauterne?

ACHILLE.

Charmant. Le goût est net. Ça manque peut-être un peu de bouquet.

LORIOT.

Voyons, voyons. (Il se fait remplir son verre et boit.) Mon cher, tu ne t'y connais pas. Le bouquet est d'une finesse...

ACHILLE.

Oui, quand on y revient. Mon oncle, à votre chère et précieuse santé.

LORIOT, se levant précipitamment.

Mon bouillon.

Il va prendre le bol.

ACHILLE, à part.

Diable! il se défend. (Haut.) Ça ne va donc pas mieux?

LORIOT.

Non! Je me sens encore dans mon estomac... là... et ici... comme la pointe de...

ACHILLE.

Deux cornes? Cornes de bœuf! C'est la boulimie.

LORIOT.

Tu l'as dit.

ANTOINETTE, rentrant avec un plat.

Salmis de gélinottes, monsieur.

LORIOT.

Je croyais que la chasse était fermée.

ACHILLE.

Pas en Russie, mon oncle.

LORIOT.

Ah ! c'est du gibier russe. Je n'en ai jamais mangé.

ACHILLE.

Il est fâcheux que votre estomac...

LORIOT.

Comme la viande est blanche ! On dirait du poulet.

ACHILLE.

Oh ! quelle différence ! goutez plutôt.

LORIOT à Antoinette.

Prends donc ma tasse. (A Achille). Je n'en veux qu'une ai-
guillette.

Antoinette sort.

ACHILLE, le servant.

Un atome.

LORIOT, s'asseyant.

Très-bon ! la sauce est un peu relevée.

ACHILLE, versant à boire à Loriot et se vidant le fond de la bouteille.

Tiens ! la bouteille me veut du bien.

LORIOT.

Comment cela ?

ACHILLE.

Elle dit que je serai marié cette année. Merci, bouteille.
Et vous ne dites pas non. Merci, mon oncle.

LORIOT.

Écoute. Si tu m'aimes...

ACHILLE.

Mais oui, je vous aime.

LORIOT.

Tu laisseras ta cousine tranquille.

ACHILLE.

J'aimerais mieux vous prouver mon amitié de toute
autre façon.

LORIOT.

Tu ne me comprends pas. Le docteur m'a dit : Pour
bien traiter une boulimie....

ACHILLE.

Quel rapport, mon oncle, y a-t-il entre mon mariage et
votre boulimie ?

LORIOT, s'animant peu à peu.

Un malade de distinction ne peut pas courir chez son
docteur et trimballer un cas célèbre en omnibus ou en
fiacre. Ma situation exceptionnelle mérite un traitement
continu.... et je veux me donner le luxe d'un médecin à
domicile.

ACHILLE.

Ah ! ah ! pas trop bête, le docteur.

LORIOT.

Pourquoi ?

ACHILLE.

Il sait que vous avez une fille ?

LORIOT.

Dam...

ACHILLE.

Ma cousine est de son goût.

LORIOT.

C'est bien naturel.

ACHILLE.

Il a compris que vous n'êtes pas dans la misère.

LORIOT, tout en buvant.

C'est un homme qui ne pense pas à l'argent. Son idée
est de me guérir pour aller à la postérité avec moi. Et,
comme j'ai tout intérêt à le fixer, ma foi, mon cher, je
lui ai presque promis la main de ma fille.

ACHILLE.

Mais vous me l'avez tout à fait promise à moi !...

LORIOT.

Bah ! ce qu'il te faut, c'est la fille d'un homme qui se
porte bien, puisque tu ne sais pas la médecine. Mais bois
donc !

ACHILLE, à part.

Diable ! Il est grand temps de le guérir. (Il débouche une bouteille de champagne.) Mon oncle ! au bonheur de ma cousine.

il lui verse à boire.

LORIOT, après avoir bu.

Ces grands verres-là ne tiennent rien. Ils sèchent à l'approche des lèvres.

ACHILLE.

Joli vin !

LORIOT, se grisant tout à fait.

N'est-ce pas ? Un vrai vin de commissionnaire. Sais-tu ce
qu'il m'a coûté, celui-là ? Un franc cinquante la bouteille.

ACHILLE.

En fabrique ?

LORIOT.

Non... en faillite. Il y a de belles occasions dans la partie, tu verras ça.

ACHILLE.

Ah ! c'est que vous êtes un malin.

LORIOT buvant.

Je m'en flatte.

ACHILLE.

Fort commerçant, brave homme et bon vivant !

LORIOT.

Oui ! j'en vaux bien un autre.

ACHILLE.

Dix autres !...

LORIOT.

Cent autres !... Je ne crains personne en affaires ni autrement.

ACHILLE.

Riche nature !

LORIOT.

On n'en fait plus beaucoup comme moi !

ACHILLE.

On n'en a jamais fait.

LORIOT.

Veux-tu que je te dise ? Eh bien ! sans vanité, je suis la fine fleur de l'espèce humaine.

ACHILLE.

Ni plus ni moins !

LORIOT.

Mais il faut ajouter qu'il y a des gens joliment bêtes.

ACHILLE.

Qui ça, mon oncle?

LORIOT, tout à fait gris.

Les malades ! A leur santé.

ACHILLE.

A leur santé.

Ils vont pour trinquer.

LORIOT.

Non ! Qu'est-ce qu'ils en feraient de la santé? Ils n'en jouiraient pas, les malheureux, puisqu'ils sont malades !

ACHILLE.

Très-judicieux. A la nôtre !

LORIOT, chantant.

Si j'avais douleur ou chagrin.
Dis donc, mon camarade,
Bacchus serait mon médecin,
Et Vénus... et Vénus... ma garde-malade !

MADAME LORIOT, entrant.

Ah ! mon Dieu ! Loriot, dans le vin de champagne !

ACHILLE.

Ah ! ma tante ! s'il pouvait y rester toujours !

LORIOT, apercevant madame Loriot.

Tiens ! Vénus !

MADAME LORIOT, s'avançant.

Tu vas donc mieux ?

LORIOT.

Moi ! je ne me suis jamais mieux porté.

ACHILLE.

Mais alors, mon oncle, vous n'avez plus besoin de médecin.

LORIOT.

Qui est-ce qui parle de médecin ? au diable les... Tiens ! qu'est-ce que j'ai donc ?

MADAME LORIOT.

Ah ! mon Dieu !

LORIOT.

La tête me tourne ! Mes yeux se troublent... Mes jambes s'alourdissent... je... je m'en vais. Le docteur ! vite ! le docteur !...

Il tombe sur le canapé à droite et s'endort.

MADAME LORIOT, à Achille.

Malheureux, qu'as-tu fait ?...

SCÈNE III

LES MÊMES, ADRIENNE.

ADRIENNE, entrant par la droite, premier plan.

O ciel ! papa se meurt !

ACHILLE.

Non! il a bu un verre de trop. Voilà tout; rassurez-vous, ça ne sera rien.

LORIOT, à moitié endormi.

A boire.

ACHILLE.

Vous voyez bien. Eh! tenez, écoutez cette respiration tranquille et cadencée. Il dort comme un bienheureux, le malheureux!

MADAME LORIOT.

Qu'as-tu?

ACHILLE.

J'ai... qu'il a promis la main d'Adrienne à son scélérat de docteur.

ADRIENNE.

Mais je n'en veux pas, du docteur!

MADAME LORIOT.

Ni moi non plus.

ACHILLE.

Ni moi!

MADAME LORIOT.

Rassure-toi, ma chérie; quoique ta belle-mère, je te protégerai comme si tu étais ma vraie fille.

ANTOINETTE, entrant par le fond, à gauche.

Voici le docteur.

ACHILLE.

Je ne serai pas fâché de faire sa connaissance. Laissez-moi... Rentrez chez vous.

ADRIENNE.

Nous allons voir si tu m'aimes!

Elles sortent toutes trois par la droite.

SCÈNE IV

LORIOT, endormi, ACHILLE, LE DOCTEUR.

LE DOCTEUR, entrant par la gauche, deuxième plan.

Mon cher malade...

ACHILLE.

Chut!... Il dort.

LE DOCTEUR.

Monsieur!...

ACHILLE, le reconnaissant.

Tiens!

LE DOCTEUR.

Je ne me trompe pas! Achille Duvernois.

ACHILLE.

Hominy!

LE DOCTEUR.

Vous?

ACHILLE.

Toi... toi qui faisais ta quinzième année de médecine...

LE DOCTEUR.

Quand tu faisais ta sixième année de droit.

ACHILLE.

A Bullier!

LE DOCTEUR.

Mimie Pinson, Angélina, la folle! Nous sommes alliés par les femmes, mon vieux. Mais qu'est-ce que tu fais par ici?

ACHILLE.

Je suis dans la commission.

LE DOCTEUR.

Ah! mon gaillard!

ACHILLE.

Et toi ?

LE DOCTEUR.

Moi, je suis médecin du bonhomme, et j'épouse sa fille.

ACHILLE.

Ta parole ?

LE DOCTEUR.

Ma parole, et la sienne aussi.

ACHILLE.

Eh bien ! moi, mon garçon, j'ai l'honneur de t'annoncer mon prochain mariage avec ma cousine Adrienne, fille de mon oncle Loriot, ici ronflant, qui n'est pas malade du tout...

LE DOCTEUR.

Ah ! tu es le neveu !...

ACHILLE.

En attendant que je sois le gendre...

LE DOCTEUR.

Et mon malade n'est pas malade !

ACHILLE.

Non !

LE DOCTEUR.

Si ! Et je le guérirai.

ACHILLE.

Tu n'y toucheras pas !

Il va au canapé de Loriot comme pour le protéger.

LE DOCTEUR, de l'autre côté du canapé.

J'y toucherai tant que je voudrai !

ACHILLE.

Je m'y oppose au nom de la famille !

LE DOCTEUR.

Je proteste au nom de la Faculté !

ACHILLE.

Intrigant !

LE DOCTEUR.

Héritier !

LORIOT, s'éveillant.

Un tremblement de terre ! Docteur ! Ah ! docteur !

LE DOCTEUR.

À vos ordres !

LORIOT.

Ah ! mon ami, j'ai bien besoin de vous !

LE DOCTEUR, à Achille.

Je ne le lui fais pas dire ! (À Loriot.) Il s'est produit de nouveaux accidents, n'est-ce pas ?

LORIOT.

Des complications inouïes. Lourdeur de tête, transport au cerveau, chaleur à l'épigastre. Tous les symptômes du chapitre dix-sept. Boulimie et congestion panachées.

LE DOCTEUR.

Parfait !

LORIOT.

Comment, parfait !

LE DOCTEUR.

J'ai votre affaire... une saison aux eaux de Blainville, et vous êtes guéri.

ACHILLE.

Alors tu as des eaux comme ça sous la main pour toutes les maladies ?

LE DOCTEUR.

Pour toutes, non... mais pour celle de M. Loriot : la source de Blainville est indiquée, grille n° 6.

LORIOT.

Ainsi docteur, vous m'envoyez à Blainville ?

LE DOCTEUR.

Mieux que cela, je vous y conduis.

LORIOT, à part.

Quel homme étonnant!

LE DOCTEUR, à lui-même.

Ça mord!

LORIOT, qui l'a entendu.

Pourquoi parler de ma mort? Je ne suis pas encore condamné.

ACHILLE.

Oh! monsieur Hominy ne lâche pas son homme.

LE DOCTEUR.

Je l'aime trop pour le quitter.

LORIOT.

Me permettez-vous d'emmener ma femme et ma fille?

LE DOCTEUR.

Je vous l'ordonne... L'air de famille est souverain dans
ces cas-là.

ACHILLE.

Eh bien! et moi?...

LE DOCTEUR, vivement.

Lui... jamais! il gâterait tout.

ACHILLE.

Ah! dis donc!...

LORIOT.

Je t'aime bien, mais plus tard... je n'ai pas le temps...
reste ici... garde la maison... je te la prête!...

SCÈNE V

LES MÊMES, MADAME LORIOT et ADRIENNE.

LORIOT, aux deux dames venant de droite, premier plan.

Mes enfants... faites les malles!

MADAME LORIOT.

Comment?... pourquoi?

3.

LORIOT.

Ma vie est en danger... mais je serai guéri dans huit jours... Nous partons pour Blainville... un pays charmant... situé je ne sais pas où... mais charmant... Ce brave ami nous accompagne... (Au Docteur.) A quelle heure le train ?

LE DOCTEUR.

Les dames ont tout le temps... Dans deux heures d'ici.

MADAME LORIOT.

Mais nous ne serons jamais prêtes !...

LORIOT.

Madame, une vraie femme est toujours prête à sauver les jours de son mari.

ADRIENNE.

Mais, papa, nous emmenons Achille.

LORIOT.

J'ai mieux pour toi ; c'est ton futur qui nous accompagne.

LE DOCTEUR.

Ah ! mademoiselle !...

LORIOT.

Ne vas-tu pas te trouver à plaindre ?... Un homme dont le temps vaut dix francs l'heure, et qui t'appartiendra vingt-quatre heures par jour !

ACHILLE.

Mais sacrebleu ! mon oncle !...

LORIOT.

Silence !... j'ai le temps, j'ai de l'argent... je suis retiré des affaires... Arrangez-vous pour être heureux si ça vous amuse... Ma santé avant tout.

LE DOCTEUR, à Achille.

Sans rancune, mon vieux... J'espère que tu nous conduiras à la gare ?

ACHILLE.

Oui, si vous partez...

LE DOCTEUR.

Tu verras bien... Mesdames et messieurs, je vais commander les voitures.

Il sort par le fond.

ACHILLE, à part.

Et moi, je vais mettre des bâtons dans les roues.

Il sort par le fond, à droite

LORIOT, à madame Loriot et à Adrienne.

A vos malles!... j'ai quelques dispositions à prendre... Allez! allez!

MADAME LORIOT, à Adrienne.

Pauvre petite!

ADRIENNE.

Ah! maman!... maman... qu'il est donc difficile d'être heureuse!

MADAME LORIOT, en sortant avec Adrienne par la droite, premier plan.

Sans compter que les plus heureuses n'ont pas toujours de l'agrément.

SCÈNE VI

LORIOT seul, prenant son testament et s'asseyant à la table de gauche.

Mon testament!... Non! mes dernières ratures n'ont pas rendu mes intentions... (Écrivant.) Ma femme est une bonne femme, 100,000 francs en usufruit... ce n'est pas trop, d'autant plus qu'une fois guéri, j'ai quelque chance de lui survivre... (Écrivant.) « A ma fille, le bonheur... Je désire qu'Adrienne épouse mon cher docteur Hominy, et que leur fils aîné reçoive le nom de... » Nous verrons plus tard... j'annule tous mes testaments antérieurs.

ANTOINETTE, paraissant à gauche, deuxième plan.

Monsieur, c'est encore le docteur.

SCÈNE VII

Les Mêmes, LE DOCTEUR.

LE DOCTEUR.

Monsieur Loriot, êtes-vous prêt? j'ai deux voitures en bas pour nous et nos bagages.

LORIOT.

Sommes-nous en retard?

LE DOCTEUR.

Nous avons une heure devant nous tout au plus.

LORIOT.

Oh! je ne vous ferai pas attendre!... (Il s'arrête à la porte et dit à part.) Ah!... je désire que leur fils aîné reçoive le nom de Moïse, en mémoire de son grand-père qui fut sauvé par les eaux.

Il entre à gauche.

LE DOCTEUR.

Françoise...

ANTOINETTE.

Non, monsieur... Antoinette!...

LE DOCTEUR.

C'est juste!... Eh bien! veuillez dire à ces dames que monsieur Loriot les attend.

ANTOINETTE.

Oui, monsieur. (Avec dédain, tout en s'en allant.) Françoise.

Elle entre à droite.

LE DOCTEUR.

Enfin! je triomphe! plus de retards! plus d'obstacles!... mademoiselle Loriot sera ma... (Les portes du fond s'ouvrent, des commissionnaires apportent des caisses et des paniers de marchandises.) Qu'est-ce que c'est?

SCÈNE VIII

LE DOCTEUR, ACHILLE.

ACHILLE, entrant.

Cher ami, c'est l'installation de ton humble serviteur, commissionnaire en marchandises, et successeur des successeurs de mon oncle (Le faisant déranger de place.) Pardon!... (Aux Commissionnaires.) Rangez les caisses à droite, les paniers de marchandises à gauche!... Vous ferez décharger les boucauts de sucre et les balles de coton dans la salle des gardes.

LE DOCTEUR.

Comment! c'est ici que tu vas?...

ACHILLE.

Mon oncle m'a prêté son château, tu en es témoin.

Des Commissionnaires apportent un très-haut bureau qu'Achille leur fait placer au fond, devant la bibliothèque.

LE DOCTEUR.

Monsieur Loriot n'a donc pas prévu la détérioration de l'immeuble?

ACHILLE.

Mes compliments. Tu es déjà plus propriétaire que lui chez lui. Nous dresserons un état de lieux, futur vautour.

LE DOCTEUR.

Il est vraiment étrange...

ACHILLE.

Si tu blâmes la générosité du papa Loriot, il faut le dire.

LE DOCTEUR.

Non! tu as droit à quelques compensations, et comme futur sous-chef de la famille, j'approuve tout ce qu'on voudra bien faire pour mon futur cousin!

ACHILLE.

Oh! permets! Je ne serai le tien que le jour où tu seras
le mien. Et, Dieu merci, ce n'est pas encore chose faite.

LE DOCTEUR.

Il me semble que ça ne peut plus tarder beaucoup.

ACHILLE.

Tu crois!

LE DOCTEUR.

Ah! voici ces dames...

Madame Loriot, Adrienne et Antoinette entrent par la droite, avec des sacs
de voyage.

SCÈNE IX

LES MÊMES, MADAME LORIOT, ADRIENNE,
ANTOINETTE.

LE DOCTEUR.

Mesdames, nous allons partir dans un instant. Les voitures sont à la porte.

ADRIENNE, pleurant.

Et il y a des gens qui se réjouissent d'aller aux eaux!...
Ah! maman! maman!

LE DOCTEUR.

Je vous en prie, mademoiselle, ne pleurez pas!

ADRIENNE.

Je pleurerai si ça m'amuse, monsieur, et vous ne pouvez
pas savoir à quel point ça m'amuse de pleurer.

MADAME LORIOT.

Pleure à ta soif, ma chérie.

LE DOCTEUR.

Je sais, madame, que vous n'êtes pas favorable à ma
candidature officielle ; mais vous reconnaîtrez un jour que

tous les gendres se ressemblent aux yeux d'une belle-mère. Et alors...

ACHILLE, qui est monté à son bureau.

Ma tante.

MADAME LORIOT, au Docteur.

Ah! pardon, monsieur!

Elle va auprès d'Achille qui lui parle bas.

LE DOCTEUR, à Adrienne.

Mademoise'le, mes sentiments respectueux n'ont peut-être pas encore trouvé d'échos dans votre âme... Mais je crois être en mesure de vous assurer qu'après sept ou huit ans d'habitude...

ACHILLE.

Adrienne!...

ADRIENNE, au Docteur.

Ah! pardon, monsieur!

Elle va auprès d'Achille.

LE DOCTEUR, à Antoinette.

Ma fille, si vous tenez à votre place... si vous voulez qu'on vous fasse un gentil petit sort...

ACHILLE.

Antoinette!

ANTOINETTE, au Docteur.

Ah! pardon, monsieur!

Elle va auprès d'Achille. Ils causent tous les quatre.

LE DOCTEUR, à part.

Il commence à m'ennuyer, mon cousin. Je ne suis pas méchant, mais si jamais il tombait malade... je lui ménage... une pilule.

LES TROIS FEMMES, qui écoutaient Achille.

Très-bien! bravo! parfait!

LE DOCTEUR, allant à elles.

Mesdames...

MADAME LORIOT, à Achille.

Nous sommes à ta disposition. Dicte-nous-la, cette facture, mon garçon.

Elle s'assied à la table de gauche.

LE DOCTEUR.

Mais, madame, les voitures sont...

ADRIENNE.

Oh! nous ne sommes pas pressées. Dicte, Achille, dicte...

Elle se dispose à écrire sur le guéridon.

ACHILLE, dictant.

Ordre de Montez et Rivero de Caracas. Six paires, boucles d'oreilles, brillants, deux mille cinq cents dollars chaque.

LE DOCTEUR, à Antoinette.

Il est bijoutier, à présent?

ANTOINETTE, qui guette M. Loriot par la gauche.

Silence donc!

MADAME LORIOT, écrivant.

« Dollars chaque. »

ADRIENNE, écrivant.

« Dollars chaque. »

LE DOCTEUR, impatienté.

Dollars chaque... Si j'avais su, je n'aurais pas retenu deux voitures à l'heure.

ADRIENNE, écrivant.

« Deux voitures à l'heure. »

LE DOCTEUR, allant à elle.

Eh quoi! mademoiselle, aurais-je enfin trouvé un écho?

ADRIENNE.

Vous me gênez affreusement, monsieur!

ANTOINETTE.

Voici monsieur Loriot!...

Elle sort.

MADAME LORIOT.

Dicte, Achille, dicte !...

ACHILLE, dictant.

Douze bahuts, seizième siècle, nouveau modèle.

LE DOCTEUR, à part.

Très-curieux, ces gens de commerce !... On croit qu'ils vont se faire des adieux ! Pas du tout, ils se font des factures !...

MADAME LORIOT et ADRIENNE, écrivant..

« Nouveau modèle. »

SCÈNE X

ACHILLE, LE DOCTEUR, MADAME LORIOT, ADRIENNE, LORIOT.

LORIOT, entrant par la gauche.

Nouveau modèle !... Qu'est-ce que c'est que ça ?...

ACHILLE, dictant.

Vingt-quatre paysages de Théodore Rousseau, dont deux vrais.

LE DOCTEUR.

Eh bien ! voilà un honnête métier.

MADAME LORIOT et ADRIENNE, écrivant.

« Dont deux vrais ! »

LORIOT, tout en regardant autour de lui.

Dont deux vrais... Comment, mon neveu, tu fais le commerce ici, chez moi ?

ACHILLE.

Croyez-vous, mon oncle, que la commission déshonore votre château ?

LORIOT.

Ah! grand Dieu! non... Mais peux-tu espérer qu'à Neuilly ?...

ACHILLE.

Il y aura moins de concurrence.

MADAME LORIOT.

Et en attendant ses commis...

ADRIENNE.

Nous avons pensé, papa...

ACHILLE.

Vous permettez, mon oncle ?

LORIOT.

Va... va ; ça me connaît.

LE DOCTEUR.

Mais, mon cher monsieur Loriot...

LORIOT.

Laissez-les faire ! Vous ne voyez pas que ça me rajeunit de vingt ans !

ACHILLE, dictant.

Un quart de fromage de Gruyères.

ADRIENNE.

Cent vingt-cinq grammes ?

LORIOT.

Mais non !... C'est le quart d'un fromage ; soit dix kilos. Écris : dix kilos.

ADRIENNE et MADAME LORIOT, écrivant.

Dix kilos.

LORIOT.

J'ai bien fait d'être là !... cent vingt-cinq grammes !

ACHILLE, dictant.

Cinquante kilos, chocolat praliné, premier choix !

LORIOT, à madame Loriot et à Adrienne.

Premier choix. Avez-vous mis premier choix ?

ADRIENNE.

Oui, papa.

LORIOT.

Mais où le prends-tu, ton chocolat praliné, premier choix ?

ACHILLE.

Nous avons le boulevard des Italiens, la rue Vivienne...

LORIOT.

Tu vas payer dix francs ce que les bonnes fabriques de la banlieue te livreraient à cinq.

LE DOCTEUR.

Eh ! monsieur Loriot, il s'agit bien de chocolat lorsque la médecine...

LORIOT.

Eh ! monsieur le docteur, il s'agit bien de médecine lorsque le chocolat...

LE DOCTEUR.

Mais, monsieur Loriot, le temps se passe.

LORIOT.

Eh bien ! laissez-le passer !

LE DOCTEUR, à part.

Comment ! il m'échapperait !

LORIOT, à Achille.

Ah ! mon pauvre garçon, tu n'es pas un acheteur de première force. Voyons un peu que je te tâte comme expéditeur. Et d'abord... quel ordre ?

MADAME LORIOT, lisant.

Ordre de Montez et Rivero...

LORIOT.

Montez et Rivero !

ADRIENNE.

De Caracas ! Oui, papa !

LORIOT.

Ils sont mauvais !

ACHILLE.

Ils sont bons !

LORIOT.

Ils ont suspendu l'année dernière.

ACHILLE.

Justement. Il n'y a rien de tel qu'une bonne faillite pour bronzer une maison. Montez et Rivero valent 300 mille piastres aujourd'hui.

LORIOT.

Allons donc !

ACHILLE.

Je vous dis que si !

LORIOT.

Je te dis que non ! J'en sais plus long que toi, sapristi !

LE DOCTEUR.

Je vous en prie, monsieur Loriot, calmez-vous. Le sang vous monte à la tête. Vous avez le visage inquiétant.

LORIOT.

Mon visage ne m'inquiète pas !

LE DOCTEUR.

Les yeux injectés.

LORIOT.

Ils se désinjecteront.

LE DOCTEUR.

Les jambes titubantes. Si vous ne changez pas d'air au plus tôt !...

LORIOT.

Laissez-moi donc tranquille ! L'air est excellent ici... On se croirait rue Hauteville. Caracas, la place la plus dangereuse de toute l'Amérique du Sud !

ACHILLE.

Je demanderai une couverture.

LE DOCTEUR.

J'en ai deux... et...

LORIOT.

Ah ! bien, vous pour un savant vous n'êtes pas fort. (A Achille.) Et comment l'envoies-tu la marchandise? Voile ou vapeur?

ACHILLE.

Voile.

LORIOT.

Quel navire?

ACHILLE.

Le Stephenson...

LORIOT.

Je te le défends !

ACHILLE.

Le Stephenson est un bon navire.

LORIOT.

Oui, mais le capitaine?

ADRIENNE.

Capitaine Taupin, papa.

LORIOT.

As-tu la prétention de me l'apprendre? Je l'ai connu quand tu n'étais pas née, le capitaine Taupin. C'est un lourdaud qui boit. Il a eu trois navires tués sous lui. Prends *le Matamoros*, capitaine Rouillard, et tu gagnes deux pour cent, rien que sur l'assurance. Ah! mais oui!

ACHILLE, descendant du bureau.

Quel homme! Ah! mon oncle! les autres, là-bas, vous connaissent bien. Ils m'on dit : N'essayez pas de dépasser monsieur Loriot, c'est impossible.

LORIOT, flatté.

Ils ont dit ça?

MADAME LORIOT.

Tu étais le roi de la commission.

LORIOT.

N'exagérons rien ; le prince seulement.

LE DOCTEUR, à part.

Ah! c'est par là qu'ils espèrent le retenir... (Haut.) Eh bien! monsieur Loriot, si vous restez deux jours de plus ici, nous graverons sur un joli petit marbre : « Ci-gît le roi de la commission, feu Loriot. »

LORIOT, effrayé.

Feu Loriot! c'est la première fois de ma vie qu'on m'appelle comme ça... Feu Loriot!... J'aime encore mieux avaler toutes les eaux de Blainville!

ADRIENNE, bas à Achille.

Tu nous laisses partir...

ACHILLE.

Non!... (Il monte sur le bureau et se prépare au travail.) Eh bien! adieu, mon oncle!

LORIOT, le regarde avec envie, et s'arrête. A part.

C'est tout de même un joli coup d'œil qu'un commissionnaire à son bureau. Et pas un peintre qui ait pensé à rendre ça!

LE DOCTEUR.

Eh bien! monsieur Loriot...

LORIOT.

Docteur, faites charger les bagages. Mesdames, montez dans les voitures, je vous rejoins. J'ai un dernier conseil à donner à ce jeune homme... il est d'une inexpérience...

LE DOCTEUR.

Allons, mesdames...

MADAME LORIOT, à Adrienne.

As-tu le cœur de l'abandonner comme ça ?

ADRIENNE.

J'ai confiance! Viens, maman.

Elles sortent par la gauche, suivies du Docteur.

SCÈNE XI

ACHILLE, LORIOT.

ACHILLE, à part.

A nous deux, mon oncle. (Haut.) Je vous écoute.

LORIOT, qui regarde toujours le bureau.

A première vue, il me semble que mon bureau de la rue
Hauteville n'était pas si haut que le tien.

ACHILLE.

Oui... j'ai voulu quelque chose d'un peu dominateur, ça
impose à la clientèle.

LORIOT.

Tu as raison. C'est du chêne clair?

ACHILLE.

Mieux que ça! Du chêne de Hollande.

LORIOT.

Le mien était en racine de noyer. Il a fait bien des ja-
loux dans le faubourg Poissonnière. Je l'ai cédé avec la
maison. Ne parlons plus de ça.

ACHILLE.

Mais ces conseils que vous aviez à me donner?

LORIOT.

Et que diable veux-tu que je te conseille, quand tu
m'humilies! Quand tu m'écrases par la situation.

ACHILLE, quittant le bureau.

Je descends. Montez.

LORIOT, montant au bureau.

Seulement pour voir. Comment me trouves-tu?

ACHILLE.

Superbe.

LORIOT.

Non, mais enfin j'ai l'air de quelque chose. Écoute,

Achille, ce ne sont pas les gros bénéfices, les quarante, les cinquante pour cent, qui font les bonnes maisons. Il faut savoir se contenter de dix pour cent, cinq de l'un, cinq de l'autre. Tout est là.

ACHILLE.

Bien, mon oncle!

LORIOT.

Choisis ta clientèle avec soin! Refuse cent affaires plutôt que d'en risquer une mauvaise!... Et méfie-toi de l'Amérique du Sud!

ACHILLE.

Mais c'est la moitié de ma clientèle! Il y a de braves gens partout! Et d'ailleurs, si je fais des sottises, je les payerai.

LORIOT.

Bien! Très-bien! Ruine-toi, livre ta marchandise à des farceurs, fais-toi plumer comme un oison, et quand tu n'auras plus un sou, reviens au pauvre père Loriot, qui te donnera la niche et la pâtée.

ACHILLE, montant sur le bureau à côté de lui.

Merci, mon oncle, et adieu!

LORIOT.

Tu me chasses?

ACHILLE.

Non! mais on vous attend; et quand un homme a pris une résolution comme la vôtre...

LORIOT.

Je le sais bien, j'ai pris une résolution; mais ça ne m'empêche pas de t'aimer; car enfin, j'aurai beau devenir un malade illustre, tu n'en seras pas moins le fils de ma pauvre sœur. (Il le presse sur son cœur.) Adieu, si tu l'exiges.

ACHILLE.

Bon voyage, puisque vous le voulez!

Ils descendent tous deux.

LORIOT, fausse sortie.

Ce qu'il te faudrait, vois-tu, mon garçon, c'est un com-

manditaire expérimenté comme j'en connais, ou un associé
vieilli dans la partie... ou mieux encore, un bon caissier...
Tu ne sais pas combien ils sont rares, les bons caissiers.

ACHILLE.

J'ai mon personnel au complet.

LORIOT.

Ah ! tu as !...

ACHILLE.

Adieu, mon oncle !

LORIOT.

Adieu, mon neveu. (Revenant.) Tu ne te figures pas combien j'ai de regret de t'abandonner ainsi. Tu ne sais rien
de rien, mon pauvre enfant. Si tu portais mon nom, ma
parole d'honneur, tu me ferais honte.

ACHILLE.

Je n'ai pas votre expérience, mais j'apprendrai.

LORIOT.

Oui, mais en attendant tu feras des sottises, et tu seras
ruiné avant de savoir le *b, a, ba* de ton affaire. Tu n'es
pas acheteur, tu n'es pas expéditeur. Es-tu seulement
emballeur ?

ACHILLE.

J'ai mes hommes.

LORIOT.

Les hommes ! tous des maladroits. Et un bon commissionnaire doit pouvoir à l'occasion... Qu'est-ce que nous
avons dans ces paniers ?

ACHILLE.

Une commission pour Lima.

LORIOT.

Tu vas l'expédier comme elle est ?

ACHILLE.

Non, mon oncle, voici les caisses.

LORIOT.

Emballe un peu, que je te voie.

ACHILLE

La belle affaire ! (Il prend une caisse vide et y dépose des objets qu'il tire d'un panier.) Tenez ! tenez.

LORIOT.

Arrête, malheureux ! Les chapeaux dans le fond ! Les sardines par-dessus ! C'est ainsi qu'on aplatit la marchandise et qu'on fait chavirer les vaisseaux. Il faut que je te donne une leçon ! (Il tire son habit.) Regarde comme je m'y prends. (Il emballe les objets.)

ACHILLE, l'arrêtant.

Non... je ne souffrirai pas...

LORIOT.

Je t'en prie.

ACHILLE.

Non !

LORIOT.

Si tu m'aimes.

ACHILLE.

Vous m'avez refusé bien autre chose, à moi.

LORIOT.

Quel rapport y a-t-il entre mes prétentions et les tiennes?

ACHILLE.

Votre fille est à vous, mes caisses sont à moi.

LORIOT.

Eh bien ! garde-moi comme commanditaire.

ACHILLE.

Non...

LORIOT.

Comme associé.

ACHILLE.

Non.

LORIOT.

Comme garçon de peine !

ACHILLE.

Jamais.

LORIOT.

Comme beau-père.

ACHILLE.

Ah ! merci.

LORIOT.

Ah!... La vie est belle ! Dieu est bon ! Et ma fille sera bien heureuse.

Il emballe.

ACHILLE, à part.

Amassez donc quarante mille livres de rentes.

SCÈNE XII

Les Mêmes, LE DOCTEUR, MADAME LORIOT, ADRIENNE, ANTOINETTE, venant de la gauche, deuxième plan.

LE DOCTEUR, entrant.

Le temps presse !... Et monsieur Loriot est dans les emballages !...

LORIOT.

Mais j'emballerai tout ce qu'il me plaira, monsieur !

ACHILLE, allant au-devant de madame Loriot et d'Adrienne.

Nous emballerons même tout ce qu'il nous déplaira. Arrivez ! arrivez ! vous ne partez plus. Mon oncle nous est enfin rendu, bien rendu. Il reprend son vieux métier.

MADAME LORIOT.

Il serait vrai !

LORIOT.

Hélas! non; c'est tout au plus si j'ai le droit d'être son commis!

ACHILLE.

Pourquoi donc ça?

LORIOT.

Tu sais bien ce que j'ai promis à mes successeurs.

ACHILLE.

Et si l'on vous rendait votre parole?

LORIOT.

Qui?

ACHILLE.

Moi, mon oncle, Achille Duvernois, successeur de Brisard et Volan!

LORIOT, lui sautant au cou.

Ah! merci, mon gendre!

LE DOCTEUR.

Plaît-il?

LORIOT.

Je ne vous parle pas! Et d'abord vous n'êtes qu'un vétérinaire.

LE DOCTEUR.

Monsieur!

LORIOT.

Vous n'avez pas compris un seul moment ce que j'avais. Ce n'était ni la boulimie, ni l'anémie, ni l'apoplexie; c'était la nostalgie, oui, monsieur, la nostalgie du travail, celle qui tue les hommes d'action quand, par malheur, ils se reposent trop tôt.

ACHILLE, au Docteur.

Eh bien! mon cher, qu'est-ce que tu attends? Mon oncle? il reste ici. Adrienne? je la garde. Moi? je suis à tes ordres.

LE DOCTEUR.

Mon Dieu! j'attends... j'attends... mes honoraires.

LORIOT.

C'est trop juste. Et, ma foi, j'ai un coup de commerce à vous proposer. Voulez-vous ma bibliothèque pour solde de tout compte?

LE DOCTEUR.

Monsieur!...

ACHILLE.

Tu refuses?

LE DOCTEUR.

J'accepte!...

LORIOT.

Je les emballerai moi-même...

ACHILLE.

Et tu verras de l'ouvrage bien fait.

LORIOT.

Tu es gentil, toi.

MADAME LORIOT.

C'est cela, nous travaillerons tous.

LORIOT.

Je ferai les affaires.

ACHILLE.

Moi les emballages!

MADAME LORIOT.

Moi les factures!

ADRIENNE.

Et moi, papa?

LORIOT.

Toi? les successeurs!

FIN.

Paris. — Typographie Morris père et fils, rue Amelot. 64.

www.ingramcontent.com/pod-product-compliance
Lightning Source LLC
LaVergne TN
LVHW022322170726
843503LV00006B/2645